Guy Francis TAMI YOBA

Le Joyau de la Guerre des Mondes

Guy Francis TAMI YOBA

Le Joyau de la Guerre des Mondes

Éditions Muse

Imprint

Cover image: www.ingimage.com

Publisher:
Éditions Muse
is a trademark of
Dodo Books Indian Ocean Ltd., member of the OmniScriptum S.R.L Publishing group
str. A.Russo 15, of. 61, Chisinau-2068, Republic of Moldova Europe
Printed at: see last page
ISBN: 978-620-2-29717-2

SYNOPSIS

Dotée de pouvoirs extralucides, Juliette, jeune fille de la vingtaine, belle et candide, est au cœur de la bataille épique que se livre deux Mondes : deux dimensions aux valeurs diamétralement opposées...

Notes d'intention

Mêlant les genres filmique et dramatique, cette œuvre théâtrale, de par sa dimension poly informationnelle, est une donnée à penser mettant en avant la notion du libre-arbitre de tout un chacun face à certaines réalités ou choix de portée universelle…

Mentionnons également que l'idée de cette œuvre naît du désir d'apporter quelques éléments de réponses à la suite d'une petite discussion sur le théâtre portant sur les préoccupations suivantes : 1-**C'est quoi écrire pour le théâtre ? 2-Toute pièce théâtrale est-elle propre à la mise en scène ? 3-Par quel (s) procédé (s) une forme d'écriture accède-t-elle au statut d'écriture dramatique ? 4-Qu'est ce qui donne à l'écriture dramatique une âme, mieux un ADN qui la particularise des autres formes d'écritures littéraires ?**

Toutes ces préoccupations trouvent sens dans les éléments de réponses apportés à la première question.

En effet, écrire pour le théâtre, c'est glisser, volontairement ou involontairement dans le texte, avec finesse, des matrices de représentativités pouvant aider le metteur en scène à mieux dégager le sens de la pièce ; et à construire les actions dramatiques qui aideront à composer le discours de la mise en scène théâtrale.

Ecrire pour le théâtre, c'est donner au texte un style qui soit propre au genre théâtral, et qui touche la structure de l'histoire, la caractérisation des personnages, les différents types de paroles et leurs constructions phrastiques ; et certains ingrédients qui donnent au texte théâtral toute sa saveur, à savoir : l'intrigue, la fable, les nœuds dramatiques, les conflits, les suspens, et la courbe de l'évolution de l'intrigue, etc.

Ecrire pour le théâtre c'est se situer, mieux se projeter dans la perspective de la mise en scène de son histoire, en plongeant le lecteur/spectateur dans la dimension onirique du jeu théâtral. C'est se mettre également à la place du metteur en scène lors de la rédaction de chaque partie de l'histoire : ce qui amène à se poser des questions sur les conditions de la matérialisation de certains actes ou scènes invraisemblables.

In fine, écrire ou composer une pièce théâtrale est une activité artistique au cours de laquelle l'auteur dramatique raconte une histoire, en s'exprimant dans un langage dont le vocabulaire spécialisé fait appel à un certain savoir-connaissance relavant du domaine technique de la création d'un spectacle.

Aussi, une œuvre théâtrale, aussi belle soit-elle, du point de vue du style de son auteur, n'est pas forcément propre à la mise en scène. C'est un texte anti-théâtre, voir un casse-tête chinois pour un metteur en scène. Une telle œuvre n'est rien d'autre qu'une belle création littéraire.

Prologue

Le rideau s'ouvre sur une scène dépourvue de tout décor. Éclairage sombre. Sur fond de l'air classique « Evangile de St jean » de Bach, un couple de danseurs portant des masques fait son apparition sur scène. Exécutant une chorégraphie explicative de la mélodie en fond sonore, le couple de danseurs se fige soudain...Éclairage rouge Bleuté. Air grandiloquent introduisant une entrée triomphale. Fendant un nuage de fumée, et vêtu avec recherche, un homme fait son apparition sur scène. À pas lents et sûrs, il s'avance vers le proscénium. Recourant au principe de la transformabilité, le couple de danseurs se transforme en objets divers au service de la construction du discours de l'homme : fauteuil, accoudoir, stylo, etc.

L'Auteur du spectacle :

Bien le bonsoir honorable public ! Je vous souhaite une chaleureuse bienvenue au théâtre...le spectacle qui vous sera donné à vivre s'inspire d'une histoire réelle....toutefois, comme le dit Aristote, il ne s'agira pas d'une pâle copie de la réalité...au cœur de notre histoire extraordinaire se trouve la nommée Juliette...jeune fille de la vingtaine, belle, candide, pudique, objet de la convoitise de deux Mondes, du fait de ses dons extralucides...d'où le titre de ce spectacle : « *Le Joyau de la Guerre des Mondes* ». En effet, il existe bel et bien d'autres mondes, en dehors du nôtre...honorable public...l'expression de vos visages me laisse deviner une foule de questions se bousculant à l'intérieur de vous...bah, je sais combien il peut être difficile d'expliquer certaines choses dépassant l'entendement humain... inutile donc de m'étendre longtemps sur ce sujet...vous allez mieux saisir le sens de mon propos à travers le discours de la mise en scène de ce spectacle qui convoque à la fois les genres dramatique et filmique !...alors...(*Jets d'éclairage rouge. Bruis stridents des éclairs et du tonnerre. Tendant les bras vers le ciel, l'Auteur du spectacle entre en création).* Je vous appelle à l'existence...toi, oui toi, tu seras Juliette...toi, tu seras Charles, et toi, tu seras Clotilde...toi tu seras Falone, toi, tu seras Hermine, et toi, tu seras Christian...et vous, vous serez les créatures célestes. Et maintenant, par la puissance de la création théâtrale...je vous insuffle la vie !...honorable public, bienvenue dans l'univers onirique du Joyau de la Guerre des Mondes !

Silence total. Bruit du décollage d'un avion.

Black out. Projection sur écran géant

Tableau I

Scène I

Ext-décor féérique-jour.

Générique d'introduction d'une œuvre filmique. Vue aérien d'un Lieu figurant un décor de style féérique où tout n'est qu'ordre et beauté. Air reposant inspirant la quiétude en fond sonore...après une période de temps...bruits stridents d'une alarme d'alerte...un être à l'apparence extraordinaire fait son apparition.

L'Ange de guerre :

(Préoccupé. Scrutant longuement le ciel. Insert sur l'horloge prophétique)

Hum...c'est le son de l'Horloge Prophétique...pour qu'il émette un bruit si creux et strident... il doit se passer quelque chose de grave ! *(Il tend une oreille attentive pour écouter et interpréter le langage des sons émis).* Hum...: *«* **Un projet funeste se trame dans les lieux obscurs...des vilaines créatures malfaisantes sont à l'œuvre...le désir obscur d'une vengeance destructive...est l'aiguillon qui leur donne des ailles...et quelques humains fourbes et malhabiles servent de larbins à ces vilaines créatures de l'ombre ! Attention au sceau...le sceau de la marque de la désolation !...la porte des temps...la porte des temps...la porte des temps...**». Oh non vanité, bêtise suprême !

L'Ange de guerre disparait d'un battement d'aile.

Fondu au blanc

Int-décor de style lugubre-nuit.

Eclairage sombre. Six ombres, à la démarche feutrée et chorégraphiée, font leur apparition dans un décor de style apocalyptique. Puis, dans un élan de folie, et toujours selon un rituel, une ombre se détache des autres. À la vitesse de la lumière, elle tourne sur elle-même et allume six bougies fixées au centre d'une scène. Les lueurs provenant des bougies laisse apparaître une figure géométrique qui est un pentagramme. Chaque ombre se prosterne devant une bougie. Maintenant, d'une voix gutturale, et sur fond d'une danse incantatoire dont le langage est incompréhensif, les ombres crient à plein gosier. Le bruit strident d'une porte s'ouvrant se fait entendre. Les ombres deviennent folles de joie et donnent plus d'intensité à leurs mouvements...Soudain, le Chef des ombres interrompt le rituel...sous texte...

Le Chef des ombres :

Hum...une force de nature contraire approche...sentez-vous son aura ?!

Ombre trois :

Bah...sentir quoi ?!

Ombre deux :

Mais, qu'est-ce qu'on est supposé sentir, nous autres ?!

Le Chef des ombres :

Son aura !...bande d'imbéciles !

Le Chef des ombres :

(Exalté)

La porte ! La porte des temps est presque...

Eclairage rouge froid. Bruits ambiants en continue. Spot lumineux. L'Ange de guerre fait son apparition sur scène. Armé d'une épée flamboyante, il se place devant la porte des temps. Effrayés par la puissance qui émane de la présence de ce dernier, les ombres poussent des cris d'effroi.

Le Chef des ombres :

(Détournant le regard et d'une voix nasillarde)

Que...qui es-tu ?

L'Ange de guerre :

(Dévisageant le Chef des ombres)

Je ne suis pas venu échanger des paroles malhonnêtes avec des êtres vils et inférieurs !

Le Chef des ombres :

(Voix intérieure)

La jeune terrienne qui tient le rôle principal dans cette histoire est sur le point de naître. Puis, au temps marqué par notre Prince, qui correspond à 20 printemps, elle enfantera le fils de la désolation ...ça sera le début de la fin...

L'Ange de guerre :

(D'une voix tonitruante)

Silence, vilaine créature malfaisante! C'est ici que prend fin votre funeste entreprise! Vous ne passerez pas !

Eclairage rouge vif. Air de suspens en fond sonore. Le Chef des ombres se met à l'écart. L'Ange de guerre et les autres ombres se font face. Puis les ombres encerclent ce dernier. Sur fond de bruits stridents des éclairs, le décor d'une bataille mettant aux prises des puissances diamétralement opposées se met en place...silence totale... les protagonistes figés et respirant la haine sont prêts à se battre...Les ombres passent à l'action...une brillance provenant de l'Être céleste et comparable à la lumière du soleil terrifie et évanouit ses adversaires...Alors qu'on entend le bruit assourdissant de la porte des temps qui se referme...

Voix off évanescent du Chef des ombres :

(Rire strident)

...c'est fait !

Bruits stridents des éclairs et du tonnerre. Eclairage sombre. Air inspirant la tristesse en fond sonore.

L'Ange de guerre :

Oh non ! Ô Terre ! Beaucoup de drames dans les jours à venir !

L'Ange de guerre disparait d'un battement d'aille.

Fondu au noir

Tableau I

Scène II

Int-Salle d'accouchement-Nuit.

Jets d'éclairage rouge vif. Fx de bruits de sirène en fond sonore. Scène de panique. Le personnel médical court dans tous les sens. Recours aux ombres chinoises. Projection de la scène ayant court dans la salle d'accouchement située dans les coulisses. Cris stridents d'une femme en situation d'enfantement difficile...

Voix off

Nous s'y sommes presque... allez, encore un effort !

Infirmier B

Depuis vingt ans que je travaille dans ce centre hospitalier, je n'ai jamais assisté à un accouchement pareil ! J'ai la chair de poule, pas vous ?

Infirmière A

Moi-même j'ai une peur bleue ! C'est la quatrième fois qu'on coupe la lumière. Nous sommes tous exténués ! Et l'atmosphère est glaciale. On dirait une ambiance de...

Infirmière B

(Brandissant son chapelet)

C'est bientôt fini avec vos jérémiades, oui ! Vous allez finir par porter malheur à cette femme.

Cris perçants d'un enfant.

Voix off

Bah, enfin, elle est là ! Quel joli bébé ! On a tous eu très peur !...mais...mais...c'est quoi ces écritures bizarres inscrits sur le bras droit du bébé ? On dirait...

Voix off de la Mère

Non...c'est quoi ces arabesques inscrits sur le bras droit de mon bébé ?... malédiction !!

Cris perçants de l'enfant. Trois personnes cagoulées font leur apparition sur scène. Ils tiennent les infirmières en respect.

Infirmière A

Mais qui êtes-vous ? Cette zone est interdite...

Cagoulé en chef

Silence, tout ce qui se passe ici défie votre entendement, petite sotte ! *(Puis, d'un signe de la tête, il donne un ordre. Un produit soporifique est pulvérisé dans la salle d'accouchement. Tout le staff médical et la mère du bébé tombent dans les pommes*). Vite, le bébé ! Il n'y a pas de temps à perdre !

Fondu au blanc. Inscription 20 ans plus tard

Tableau II

Scène I

Int- Cabinet de relation d'aide-Nuit.

Eclairage normal. Musique de relaxation en fond sonore. Des messages d'accompagnement psychologiques sont affichés aux quatre coins de la pièce. Une femme apparaît sur scène et dispose les chaises en cercle. On sonne...

La Psychologue :

Ah, bien le bonsoir M. et Mme!

Charles et Juliette :

Bonsoir Mme!

La Psychologue :

Merci d'avoir répondu à mon invitation. Prenez place!...les autres auditeurs ne vont pas tarder à arriver !

Charles :

De quels autres auditeurs parlez-vous ? Et...où sommes-nous ?

La Psychologue :

Ici c'est un centre de soutien psychologique.

Juliette :

Ha...ok...c'est la première fois...

La Psychologue :

Bah voyons, votre réaction est normale. Tous ceux qui viennent ici pour la première fois réagissent pareillement.

Juliette :

Alors...qui sont ces autres auditeurs ?

La Psychologue :

Des patients pas comme les autres...complexes, phobies, addictions et dépendances multiples...voilà quelques problèmes auxquels ils sont confrontés au quotidien...pour faire court, ces personnes souffrent d'une maladie psychologique...ce n'est pas toujours évident de s'en sortir...certains font des rechutes...et c'est à nouveau la descente aux enfers...mes patients sont en quête d'espoir...aussi m'arrive-t-il souvent d'inviter certaines personnes pour le partage des expériences...je suis fermement convaincue que certains témoignages peuvent aider ces personnes à continuer la lutte jusqu'à l'obtention de la victoire !...alors, j'ai ouï-dire que vous avez vécu quelque chose d'extraordinaire...pouvez-vous la partager avec nous, s'il vous plait ?!

Apres quelques secondes de réflexion, Juliette donne son approbation d'un signe de la tête.

Fondu enchaîné

Tableau II

Scène II

Int- Cabinet de relation d'aide -Nuit.

Eclairage rouge bleuté. Musicothérapie en fond sonore. Un groupe de personnes fait son apparition sur scène.

La Psychologue :

Bonsoir mes ami(e)s ! Bienvenue à cette autre séance de soutien psychologique ! Comme il est de tradition, ce soir nous allons écouter un autre témoignage. Mais avant de passer la parole à notre invitée, je propose que nous débutions par notre rituel...bien, qui veut être le premier à...?

Pierre :

Bonsoir...je m'appelle Pierre...je suis informaticien, et j'ai...hum...j'ai un problème...avec la drogue...c'est vraiment plus fort que moi...je...j'ai si honte...je ne sais quoi faire ?...c'est vraiment plus fort que moi...chaque jour je lutte au-dedans de moi-même pour arrêter...mais il y a un désir...on dirait une force qui m'attire...toujours vers le bas... j'ai voulu essayé de m'arrêter...mais...mais... !

L'assistance :

Courage Pierre!

Hermine :

Bon...soir...moi, c'est...Hermine...et je suis...une gran-de...timide...je...quand...je dois...prendre...la...parole...en...pu-blic...j'ai...si...honte...j'ai...honte...de...moi...j'ai tellement...peur...de...mal...faire...j'ai...peur...du regard...des autres... je suis ici...pour...me battre... contre...la ti-mi-di-té !

L'assistance :

Courage Hermine!

Paul :

Bonsoir, moi,...c'est Paul...j'ai un problème avec l'alcool...je...j'ai commencé à boire pour fuir la réalité...et me sentir bien...mais sans le comprendre...j'ai sombré à une vitesse folle dans l'addiction...et depuis là...je n'arrête pas d'arrêter !...j'ai même touché le fond...suis foutu !

L'assistance :

Courage Paul !

Carole :

Bonsoir, je suis Carole...j'ai un sérieux problème avec la colère. Je...quand je suis en colère...je ne me contrôle plus...je fais des choses que je regrette par la suite...mes proches disent que je suis violente...que je suis une folle furieuse...je me déteste !

L'assistance :

Courage Carole !

Merlin :

Bonsoir, moi c'est Merlin. Je...je...je...j'ai des tendances suicidaires. Quand je suis envahi par ces pensées...je ne pense qu'à une chose...en finir avec cette chienne de vie...je suis à ma quatrième tentative de suicide...

L'assistance :

Courage Merlin !

La Psychologue :

Et en chœur nous disons...

L'assistance :

...ensemble, nous y arriverons ! Nous vaincrons !

Salve d'applaudissement.

La Psychologue :

Merci à chacun! Maintenant nous allons écouter l'histoire extraordinaire de notre invitée. À la fin, nous lui poserons quelques questions qui aideront à forger notre volonté.

Juliette :

Merci de me passer la parole!...merci également de m'avoir invité...bonsoir à tout le monde...hmm...bien...pour débuter...disons que...à cause de certains dons extralucides dont j'étais dotée...j'ai été au centre de la guerre mettant aux prises deux mondes, deux dimensions aux valeurs diamétralement opposées...

Murmures contenus dans l'assistance.

La Psychologue

(*Restaurant le calme***)**

Vous pouvez poursuivre !

Juliette :

Je comprends votre réaction...mon histoire dépasse l'entendement humain...en fait, je n'ai pas grandi comme les autres...mon enfance a été très perturbée...on aurait dit qu'une main étrange avait marqué mon existence de son empreinte...je n'ai pas connu une enfance douce et heureuse...ma mère est décédée quelques minutes après m'avoir infligé la vie...je n'ai jamais connu mon père...je suis venue au monde avec un signe gravé sur mon bras droit...ces signes ou écritures ont été la source de mes malheurs...je me savais maudite...et pour conjurer ce mauvais sort...ma mère adoptive m'a conduite dans une maison appelée **Refuge**...c'est dans ce lieu retiré du monde que j'ai grandi...pendant des années...j'ai vécu cacher du monde et du regard de certains êtres malveillants...dans la solitude et l'enfermement...luttant tous les jours contre les visions apocalyptiques et autres cauchemars qui peuplaient mes nuits...les dons extralucides dont j'étais investie avaient volé mon enfance...je vivais dans la haine et la colère...j'étais tenaillée par une série d'interrogations qui tracassait mon cœur emplit d'amertume...oui, de toutes les fibres de mon être et de tous les atomes de mon corps...j'aspirais au changement, à un autre destin...je n'en pouvais plus de vivre dans la solitude et les gémissements...j'étais un véritable phénomène de foire pour les habitants de Refuge...à l'âge adulte, malgré les supplications de ma mère adoptive, j'ai décidé de m'en aller... je voulais retrouver le monde des gens normaux...je voulais aussi mener une existence normale...et un mois plus tard, j'ai fait la connaissance de Charles...pour la première fois je suis tombée amoureuse d'un homme...ce sentiment m'a littéralement transfigurée...c'est alors que mon passé a refait surface...tout a commencé à aller de travers...on aurait dit que Charles avait commis un crime...c'est comme s'il avait convoité quelque chose qui ne lui appartenait pas...quelque chose de sacré... et c'est là que débute l'histoire de la guerre des Mondes ...

Juliette lève le regard vers un écran géant.

Fondu au noir

Tableau III

Scène I

Int-décor de style lugubre-Nuit.

Eclairage sombre. Trois êtres vêtus de toges noires avec capuche font leur apparition sur scène.

Adoratrice une :

Chères sœurs, soyez les bienvenues ! La raison de la convocation de cette rencontre spontanée est due à la manifestation d'un évènement inattendu. Hier à minuit, il s'est produit un phénomène particulier dans les lieux célestes. *(Les autres adoratrices échangent un regard de stupéfaction*). La porte des temps s'est ouverte !!

Adoratrice Trois :

Par les cornes du Prince de ce monde ! Comment un tel événement a-t-il pu se produire ?!

Adoratrice une :

Ne sois pas si exaltée chère sœur ! Restaure ton calme ! Il s'agit là d'un événement rarissime qui ne s'est produit déjà qu'une fois dans l'histoire de l'humanité. La première fois qu'il a eu lieu c'était en notre défaveur. Mais cette fois-ci, la donne va changer.

Adoratrice deux :

Voici des siècles que nous œuvrons en ce bas monde. Attendant patiemment l'heure de notre revanche ! De toutes nos forces, nous avons souvent demandé plus de puissance pour être efficientes dans nos actions ! Il faut agir rapidement. Qui sait pour combien de temps cette porte restera ouverte ?

Une prêtresse vêtue de rouge fait son apparition sur scène. Les adoratrices se prosternent.

Fondu enchaîné

Tableau III

Scène II

Un décor cultuel se plante sur fond d'un air incantatoire.

La prêtresse :

Invoquons celui qui vit et règne pour les siècles des siècles !

Les **adoratrices** :

Air ! Eau ! Feu ! Terre !

Adoratrice une :

Air ! Eau ! Feu ! Terre !

Adoratrice deux :

Air ! Eau ! Feu ! Terre !

Adoratrice trois :

Air ! Eau ! Feu ! Terre !

Adoratrice quatre :

Air ! Eau ! Feu ! Terre !

La prêtresse :

Oh Maître des quatre éléments, toi qui vit et règne éternellement, nous t'invoquons ! Par Belphégor, nous t'invoquons Prince de ce monde ! Ange plein de bonté, nous t'invoquons parmi nous !

Adoratrice deux :

Par Azaël : puissance de l'air, nous t'invoquons Seigneur des causes perdues!

La prêtresse :

Chérubin aux ailes déployées, nous t'invoquons parmi nous !

Adoratrice trois :

Par Ngôn : puissance de l'eau, nous t'invoquons, nous t'invoquons Serpent ancien !

La prêtresse :

Oui Dieu et Seigneur du monde souterrain, nous t'invoquons parmi nous !

Adoratrice quatre :

Par Attlee : puissance du feu, nous t'invoquons parmi nous !

La prêtresse :

Oui grand commandant de légions des ténèbres, nous t'invoquons parmi nous !

Bruits stridents des éclairs. Les adoratrices mettent plus d'intensité dans leur prière.

Les adoratrices :

O Terre, laisse-toi fouler par la présence du Maître ! O Air, laisse-nous humer l'odeur odoriférante de la douce présence du Maître ! O Eau, laisse la présence du Maître couler en ce lieu ! O Feu, laisse-nous sentir la chaleur de la présence du Maître !

La prêtresse :

Ô Maître des quatre éléments, manifeste ta présence ! Tes servantes t'exaltent ô toi qui vit et règne pour les siècles des siècles !

Bruits stridents des éclairs et du tonnerre. Une forme apparaît au milieu d'un nuage de fumée. Les adoratrices sont épouvantées. Musique de suspens grandiloquent en fond sonore.

Fondu enchaîné

Tableau III

Scène III

Sous texte...ambiance glaciale.

La prêtresse :

(Se prosternant)

Louange, puissance, gloire, et force à toi, ô Maître vénéré !! Bénis sois-tu le plus savant et le plus beau des anges ! Bénis sois-tu ange aux dons extatiques qui tient nos âmes damnées entre tes mains ! Bénis sois-tu, dieu des reprouvés et des maudits ! Bénis sois-tu dieu de Caïn et de Judas !

Silence totale.

La forme :

(D'une voix tonitruante et gutturale)

Voici enfin venu mon heure !...le règne de terreur...ce règne ne sera possible qu'au prix d'un sacrifice humain...la victime expiatoire est la seule qui peut se tenir au centre de ce pentagramme et régner à mes côtés...elle est l'élue...celle-là qui doit porter mon enfant...le fils de la désolation...hmmm...Juliette !...oh ma reine !...tu es la clé de ma grande entreprise de destruction...ensemble, nous régneront sur tous les mondes...Refuge ne pouvait pas te cacher pour longtemps les délices et plaisirs charnels de ce monde!...maintenant que tu es vulnérable...je viens à toi ma bien-aimée... Emmenez-moi ma Précieuse à la prochaine pleine lune !

Les Adoratrices :

(Pétries de peur)

A vos ordres, Maître vénéré !

La forme

(*Rires stridents*).

La vanité ! C'est le péché mignon de l'Homme! Cette créature frêle, apathique, lâche et vile aime paraître. Il veut tout posséder. Il n'est jamais rassasié. Il n'est jamais satisfait de sa condition. Et c'est grâce à ce sentiment d'insatisfaction, mes chers enfants, que je tiens captif vos semblables. Chez l'Homme insatisfait se bousculent de sombres pensées : la convoitise, la concupiscence, la jalousie, l'envie, la possession, la fourberie, et même le meurtre. Et je suis là pour exaucer leurs vœux et prières à travers vous ! Alors mes chers petits loups, je vous envoie comme des agneaux au milieu d'eux…

La forme disparaît au milieu d'un nuage de fumée et des bruits stridents des éclairs.

Les adoratrices :

Gloire à toi ô Maître vénéré ! Gloire à toi ô Maître vénéré ! Gloire à toi ô Maître vénéré !

Fondu enchaîné

Tableau III

Scène IV

Dans un climat de crainte et de tremblement.

Adoratrice trois :

Le Maître attend ce moment depuis des siècles. Alors nous devons tout faire pour éviter de lui gâcher ce plaisir !

Adoratrice une :

Dire que Juliette est la pièce maîtresse de la grande entreprise de vengeance du Maître ! Comment est-ce possible ? Je n'arrive pas à croire que cette souillon avec qui nous avons grandi à **Refuge** soit l'objet de la convoitise du Maître ! Et dire que nous ne l'atteignons même pas à la cheville. Elle n'avait pourtant rien pour attirer les regards.

Adoratrice trois :

Il faut penser à un plan ingénieux.

Adoratrice deux :

(Réfléchissant)

J'ai une idée...

Chuchotant entre elles...

Fondu enchaîné

Tableau IV

Scène I

Int- salon de thé- jour.

Air de circonstance en fond sonore. Champ contre champ.

Charles :

(Tenant les mains de Juliette)

Alors...on ferme les yeux...

Juliette :

Que me caches-tu encore ?

Charles :

Bah, ferme juste les yeux !

Juliette :

Ok.

Charles :

Maintenant tu peux les ouvrir !

Juliette :

(Cris de joie)

Ah non, je n'en crois pas mes yeux !

Charles :

Oui, c'est bien réel ma chère Juliette. Veux-tu devenir ma fiancée ?

Juliette :

(Criant)

Mais...je...

Charles :

Je sais que c'est si soudain pour toi...d'accord ça fait à peine deux mois qu'on se connaît...je comprends ta réaction ...prends ton temps avant de me répondre, ok ?

Juliette saute dans les bras de Charles.

Charles :

Depuis que j'ai fait ta connaissance tout fonctionne à merveille.

Juliette :

Waouh, une bague en diamant ! Merci ! Moi aussi j'ai une surprise pour toi.

Charles :

De quoi s'agit-il ?

Juliette :

Hum, la patience est une vertu mon cher. Allez, viens avec moi !

Charles et Juliette quittent le restaurant.

Fondu enchaîné

Tableau IV

Scène II

Ext-rue-Jour.

Bruits de klaxons et des vrombissements des moteurs de voitures.

Juliette :

Alors…

Charles :

Merci, ces chaussures me plaisent vraiment ! (*Le téléphone de Charles sonne*) Aie, c'est le bureau ! C'est certainement…

Juliette :

Je comprends, vas-y !

Charles :

Je suis vraiment désolé, je te promets que…

Juliette :

Bah, vas-y, te dis-je !!

Charles :

(L'embrassant)

T'es un amour!

Juliette :

Prends soin de toi ! À tout à l'heure !

Charles :

(S'éloignant)

Je t'aime mon cœur !

Alors que Juliette multiplie des gestuelles de tendresse envers Charles, une voix l'interpelle.

Fondu enchaîné

Tableau IV

Scène III

Bruits ambiants de la rue en continue.

Clotilde :

Coucou Juliette !

Juliette :

Mais...vous ? Qu'est-ce que vous faites ici ? (*Se jetant dans leurs bras*) Falonne et Clotilde ! Qu'est-ce que je suis contente de vous revoir !

Clotilde :

Ça fait un moment que tu es partie !

Juliette :

Non...juste quelques mois...alors...comment va la grande famille de **Refuge ?**

Clotilde :

Tout le monde va bien. Et toi, qu'est-ce que tu deviens dans ce monde dit civilisé ?

Juliette :

Bah, l'adaptation n'est pas facile...il y'a tellement de choses que je découvre dans ce monde...et tout va si vite...mais avec le temps...je vais m'y habituer !

Falonne :

Tu sais, nous sommes ta famille. Ta seule famille ! Tu nous manques !

Juliette :

Je le sais. Waouh pour une surprise ! Mais, comment m'avez-vous retrouvé ? Et que faites-vous ici ?

Falone :

Bah, le hasard !

Juliette :

D'accord, si tu le dis...j'ai été très contente de vous revoir sœurettes, mais je dois partir, j'ai un impératif. Voici mon contact.

Clotilde :

Bah, ce n'est pas grave ! *(Elles s'embrassent)*. Allez, prends soin de toi !

Sur fond d'une ambiance chaleureuse et bonne enfant Juliette prend congé de ses amies.

Fondu au blanc

Tableau IV

Scène IV

Bruits ambiants de la rue en continue. Restées seules sur scène, Clotilde et Falone pouffent de rires.

Falone :

Cette gueuse va se fiancer ?! Comment cette déséquilibrée a-t-elle fait pour rencontrer l'âme sœur ?

Clotilde :

Tu connais l'adage. Qui s'assemble…

Falone :

Hum, penses-tu qu'elle soit capable de nous résister ?

Clotilde :

Ça se voit qu'elle manque d'entraînement. Juliette est devenue une chiffe molle.

Falone :

Oui…mais elle me fait toujours peur…

Clotilde :

Bah voyons, ça se voit qu'elle a laissé les plaisirs mondains tuer ses dons… as-tu senti son aura pendant la conversation ?

Falone :

Justement non ! Et c'est ça qui m'inquiète. Il y a quelque chose qui ne tourne pas rond.

Clotilde :

Falone, ces retrouvailles avait pour seul but d'évaluer l'aura que Juliette dégage ! Et qu'as-tu ressenti, toi ? Elle est vide. Elle ne dégage rien du tout.

Falone :

Hum...d'accord...admettons que tu aies raison...mais le Maître se serait-il trompé sur la personne de Juliette ? Comment vérifier tout ça ?

Clotilde :

(Pouffant de rire)

En faisant sortir le loup de sa tanière...

Fondu enchaîné. Inscription deux semaines plus tard.

Tableau IV
Scène I

Int- Salon appartement Charles/ décor de style raffiné-nuit.

Charles est couché sur un divan. Sur fond d'un air reposant, il adopte une attitude méditative.

Voix intérieure de Charles :

Ah, quelle journée !! On a frôlé le pire ! Heureusement que l'état de Franck s'est stabilisé, mais pour combien de temps ? Quelle est l'origine de cette étrange maladie ? Humm, je me demande bien ce qui se passe ? Tout va de travers dans ma vie! *(Respirant fort)* Quelle mauvaise passe !

Bruit de sonnerie d'un téléphone portable.

Charles :

Oui...allo...oui, c'est bien moi...je peux savoir qui vous êtes ?...je vous demande pardon ? Comment ça, cela n'a pas d'importance ?...vous savez l'heure qu'il est ?...vous dites ?...vous êtes quelqu'un qui me veut du bien?... mais, attendez, qui êtes-vous ?...pardon ?... que je le saurais le moment venu ?...nous rencontrer ? Mais puis-je savoir pourquoi ?...oui, actuellement je traverse une mauvaise passe, et alors ?...attendez...comment êtes-vous au courant de ce que je vis actuellement ?...qui êtes-vous ? (*levant le ton*)...comment ça, cela n'a pas d'importance ? En plus vous m'appelez avec un numéro privé...quoi ? Qu'est-ce qui peut s'arrêter ?...la série de malheurs que je traverse actuellement ? Ecoutez...je n'ai pas de temps à perdre avec les charlatans...en plus, vous ne manquez pas d'air...vous avez le toupet de m'appeler à une heure tardive...qu'est-ce qui est pour mon bien ?....qui vous a filé mon contact ?....écoutez, je vous ferai arrêter par la police...*(Charles raccroche son interlocuteur au nez)* Hum, n'importe quoi !

Black out

Tableau IV

Scène II

Int- salon de thé-jour.

Assise toute seule, la mine anxieuse, Juliette adopte une attitude méditative. Elle murmure des mots à peine audible...assises sur une autre table, deux femmes, plutôt distraites, épient les faits et gestes de Juliette.

Voix intérieure de Juliette :

Hmmm...en l'espace de deux semaines... il s'est produit une série d'évènements étranges : l'agression de Charles dans un taxi...la dispute violente entre Charles et ses parents au sujet de notre relation...le cambriolage de l'appartement de Charles...la perte des documents importants de Charles dans l'inondation de son appartement...une maladie étrange qui vient paralyser Franck, le petit frère de Charles...et maintenant, pour des raisons inextricables, Charles est sur le point de perdre son boulot...tout est contre nous !

Alors que Juliette est toujours en pleine réflexion...

Falone :

(La mine joyeuse et mangeant des raisins)

Coucou sœurette !

Juliette :

(Sursautant)

Oups !! Vous !? Qu'est-ce que...

Clotilde :

T'inquiète, nous ne mordons pas !

Falone :

Au contraire, nous sommes là pour t'aider.

Juliette :

M'aider, vous dites ?

Clotilde :

Juliette, tu ne poses pas les bonnes questions sur les origines de tes déboires ?

Juliette :

Mais...quoi ?

Falone :

La bonne question c'est, te connais-tu toi-même ?

Clotilde et Falone :

Nous voulons ton bien !

Juliette :

Non...je dois rêver...je...

Falone :

(Frappant très fort sur la table)

Alors, réveille-toi !

Juliette :

C'est vous hein ?...vous êtes derrière tous les phénomènes étranges de...

Falone :

(Riant à plein gosier)

As-tu la preuve de quoi que ce soit ?

Juliette :

Ma mère adoptive a essayé de me mettre en garde... mon passé me rattrape...je croyais avoir fini avec tout ça....je croyais avoir abandonné tout ça...derrière moi...

Falone :

On ne fuit pas son destin. !

Clotilde :

Tu es appelée à réaliser de grandes choses.

Falone :

Des choses extraordinaires qui dépassent l'entendement. C'est ce qui explique la raison de notre présence !

Clotilde :

Si tu savais combien nous t'envions ! Toi la bienheureuse à qui une grâce a été faite !

Juliette :

Bande de folles...

Falone :

Tu sais, on est même capable de remonter le temps. Tout redeviendra normal. Nous te demandons juste de faire une chose pour nous. Nous avons besoin de ta virginité et de tes dons. Après cela, tu pourras jouir de la vie comme bon te semble avec ton Charles.

Juliette :

Sales créatures du diable !

Clotilde :

Jusqu'où es-tu prête à aller pour sauver votre relation? Tout dépend de toi ! Le libre-arbitre chérie, c'est de ça dont il est question !

Falone :

Accepte ce job, et ta vie sera un conte de fée. Tu feras des envieuses. Tu seras le centre du monde. Tu ne vivras plus dans la peur et l'incertitude. Tu seras une femme accomplie. Le monde sera à toi, je veux dire à tes pieds.

Juliette :

C'est non ! !

Clotilde :

Voilà qui est fâcheux !

Juliette :

Vous ne me faites pas peur !

Falone :

Houuu….c'est ce que nous allons voir ! Attention, tout ce que tu as vu jusqu'ici n'était que le doux effet d'une brise….maintenant place à l'ouragan…

Juliette :

Allez-vous-en, suppôts de Satan !

Fondu au noir.

Tableau V

Scène I

Int-salon appartement Charles-jour.

On sonne avec insistance...

Charles :

Oui voilà, j'arrive ! Mais qui ça bien être à cette heure ?

Christian :

(La mine joviale et serrant une bible contre son cœur):

Bien le bonjour Monsieur, et bon réveil matinal !

Charles :

(La mine salement énervée)

Oui, c'est pourquoi ?

Christian :

Je m'excuse de vous importuner Monsieur. Moi, c'est Christian. Je voudrais juste vous délivrer le message d'un ami qui vous veut du bien...

Charles :

(Agressif et surpris)

Pardon !?

Christian :

Il s'agit de Jésus, Monsieur ! Il m'a chargé de vous transmettre un message très important!

Charles :

(Agressif et menaçant)

Tu es tombé sur la tète ? Fous le camp d'ici !!

Christian :

Oh, peut-être que je tombe à un mauvais moment. Je pourrais repasser en journée...

Charles :

(L'apostrophant)

Non...tout bien réfléchis...attends-moi là ! *(Quelques secondes plus tard, il réapparait avec un gourdin. L'air furieux.).* Tu disais ?

Christian :

(Jovial et s'enfuyant)

Que Dieu vous bénisse monsieur ! Je repasserai en journée...

Charles :

(Piaffant)

Vendeur d'illusion! Sale escroc !

Fondu au blanc

Tableau V

Scène II

Contre toute attente, les parents de Charles font leur apparition...

Charles :

Père ? Mère ?!! Vous ici ?!!...pour une surprise...je...en fait...

Fred :

Tu t'offres en spectacle, mon fils ?

Charles :

Père...je...ce n'est pas ce que tu crois ?

Fred :

Et qu'est-ce que je suis supposé croire alors ? Qui est ce monsieur qui a failli me renverser dans sa course folle ?

Charles :

C'est un fou de Dieu ! Il m'a dit que...enfin...bref...rien d'important...tous des charlatans !

Justine :

(Avec empressement et secouant Charles)

Que t'a dit cet homme ?

Charles :

Bah mère, je ne sais pas exactement...bref...il a parlé d'un message...il ne manque pas d'air...se pointer chez les gens dès le lever du soleil...alors j'ai piqué une colère...et j'ai voulu lui donner une leçon...ce n'est qu'un idiot !

Justine :

Ce jeune homme est peut être ton issue de secours !

Charles :

Quoi ? Mais mère...l'issue de quoi ?!....

Fred :

Charles, tu es mon fils premier né ! Jusqu'ici tu as toujours été un modèle pour tes cadets. Et parce que je sais que tu es quelqu'un de très intelligent, je n'ai jamais interféré dans tes choix, ça tu le sais ?

Charles :

Oui père.

Fred :

Ces derniers temps des phénomènes très étranges se sont produits dans notre famille. Je sais combien il peut être parfois difficile de comprendre et d'accepter certaines choses, surtout quand elles touchent à nos sentiments. Ta mère et moi, nous tenons beaucoup à toi ! Et nous ne voulons pas qu'il t'arrive...écoute, il va falloir que tu mettes un terme à tes fiançailles...

Charles :

Quoi ?!! Non...père...non...demandez-moi tout, mais pas ça !... pas Juliette !...non...c'est hors de question...quelque soit la raison...

Fred :

Je sais que c'est une décision difficile à prendre. Ecoute, c'est juste le temps de clarifier certaines choses...

Charles :

Clarifier quoi, père ? Qu'est-ce que vous me cachez ? Que se passe-t-il à la fin ? Vous n'allez pas me faire votre crise habituelle. Il faut bien qu'un jour je me...

Justine :

Il ne s'agit pas de ça ! Écoute, hier soir, ta mère et moi avions reçu la visite de deux dames étranges qui nous ont fait des révélations troublantes...

Charles :

Qui sont ces femmes ? Et pourquoi n'avoir pas alerté la police ?

Fred :

Tu crois que je n'en ai pas eu l'intention?...elles nous ont formellement interdit d'aller voir la police...et pout nous en dissuader...elles ont fait une large démonstration de l'étendue de leurs pouvoirs...on aurait dit qu'il y'avait des présences étranges...que notre maison était...tout bougeait autour de nous...aller à la police ? Mais qui là-bas allait nous croire?! Ces femmes sont les créatures du diable...des démons...

Charles :

Quoi ? ! Rien de tout ça n'existe !

Justine :

Charles, il se passe des choses très étranges !! Connais-tu vraiment Juliette ? Qui est -elle ?

Charles :

Père ! Je suis très surpris que toi...un homme cartésien...puisse croire à ces fadaises-là ! Rappelle-toi quelle type d'éducation...tu nous as appris qu'en toute circonstance, il faut d'abord mettre en exergue notre esprit cartésien...toujours laisser parler la voix de la raison.

Fred :

Je sais fils...mais dans la vie, il y'a des situations que la raison ne peut ni comprendre ni expliquer.... et ça, je l'ai compris hier soir...il y'a des choses qui sont hors de notre contrôle ! On dirait qu'il existe bel et bien d'autres mondes.

Charles :

Père, tu ne peux pas croire à ces choses-là ! Et puis mon choix est fait... Juliette et moi, on va se fiancer !

Contre toute attente...Juliette fait son apparition. Air de suspens.

Fondu enchaîné

Tableau V

Scène III

Ambiance pesante.

Juliette :

Heu...bonjour...je...

Charles :

Tu tombes à pic Juliette !

Justine :

Qui es-tu vraiment ?

Fred :

Qui sont Falone et Clotilde ?

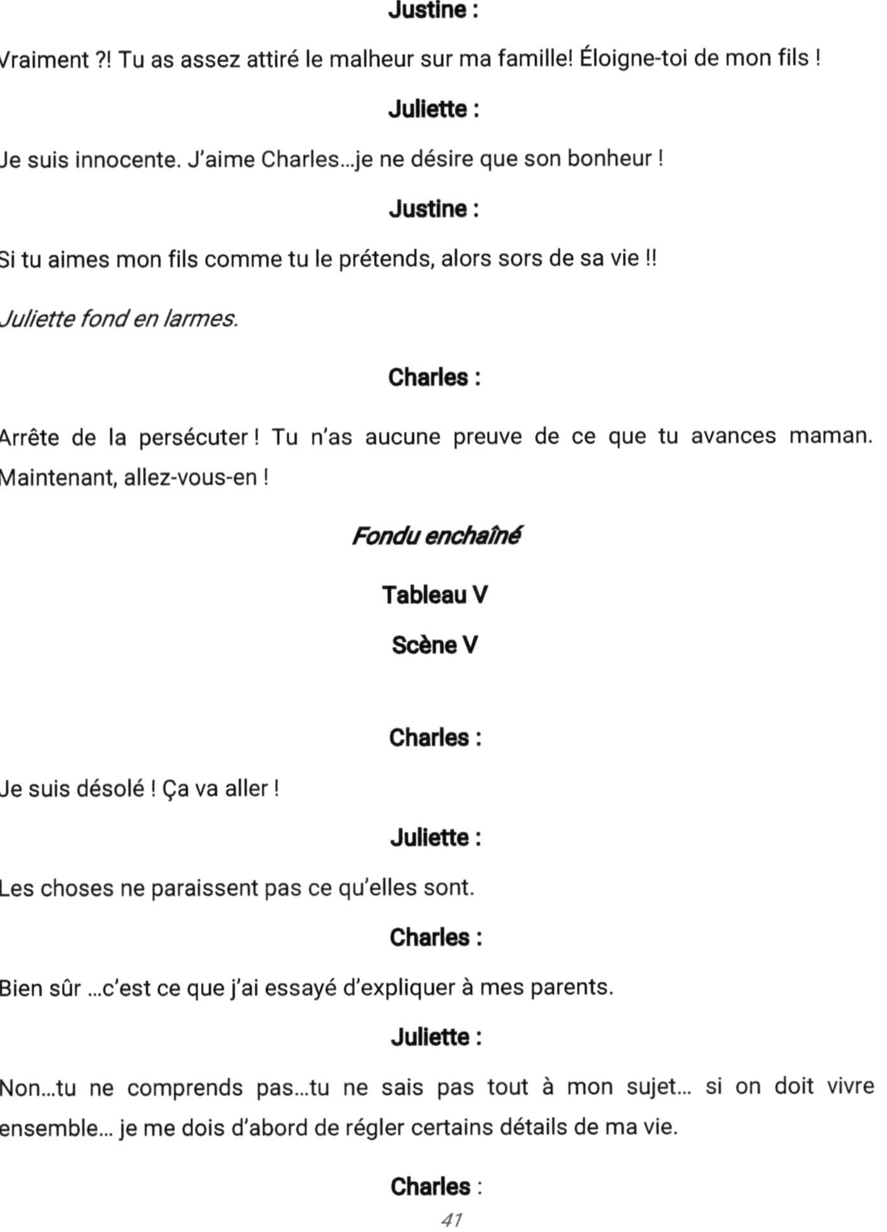

Juliette :

Hmm…des vielles connaissances…bref…

Justine :

Vraiment ?! Tu as assez attiré le malheur sur ma famille! Éloigne-toi de mon fils !

Juliette :

Je suis innocente. J'aime Charles…je ne désire que son bonheur !

Justine :

Si tu aimes mon fils comme tu le prétends, alors sors de sa vie !!

Juliette fond en larmes.

Charles :

Arrête de la persécuter ! Tu n'as aucune preuve de ce que tu avances maman. Maintenant, allez-vous-en !

Fondu enchaîné

Tableau V

Scène V

Charles :

Je suis désolé ! Ça va aller !

Juliette :

Les choses ne paraissent pas ce qu'elles sont.

Charles :

Bien sûr …c'est ce que j'ai essayé d'expliquer à mes parents.

Juliette :

Non…tu ne comprends pas…tu ne sais pas tout à mon sujet… si on doit vivre ensemble… je me dois d'abord de régler certains détails de ma vie.

Charles :

Qu...quoi ?... de quoi est-ce que tu parles ? Tu ne vas pas t'y mettre toi aussi !

Juliette :

Ecoute, je ne veux ne pas te mêler à ce qui va arriver...je t'aime trop pour te perdre... je dois faire face toute seule...c'est mon destin...si je ne vais pas à ce rendez-vous...ils vont mettre leurs menaces à exécution...

Charles :

Qu...quoi ?! Quel rendez-vous, Juliette ?!?

Juliette :

Sache tout simplement que...ça va se passer aujourd'hui à minuit...dans la basilique désaffectée de Tourbe ville...

Charles :

Qu'est-ce qui va se passer ? Ecoute Juliette, tu n'iras nulle part, tu m'entends !

Juliette :

Tu n'es pas de taille à te mesurer aux forces du mal...

L'ambiance devient glaciale. Des voix étranges se font entendre...

Charles :

Mais ?...tu ressens cet air glacial ? Je...je...qu'est-ce que...

Juliette :

Ça a commencé !... je dois m'en aller !... c'est le début de la fin...Charles...ne reste pas là...

Les objets s'envolent dans la pièce...

Charles :

Mais…c'est quoi ça ?!?…je…non, tout ceci n'est qu'un cauchemar !… je vais me réveiller ! Au secours !…

Charles crie à plein gosier et s'écroule. Juliette disparait au milieu d'une fumée blanche.

Fondu enchaîné

Intermède

Air triste en fond sonore. Eclairage sombre. L'Ange de guerre réapparaît. Hochant la tête et la mine salement énervée, il tend les bras vers le ciel.

L'Ange de guerre :

Va-t'en ! Va-t'en ! Ravale immédiatement l'écume de ta haine, matamore ! Tes dents acérées en quête de venaison inspirent la nausée. Ah va-t'en ! Dégage te dis-je ! Je te hais d'une haine viscérale ! Car tes pensées ne sont que cruauté et folie. Et tu te plais à te nourrir et à te vautrer dans la marre de l'ignorance et de la bêtise humaine. Encore un peu de temps, alors s'accomplira sur toi et ta cohorte de larbins les prédictions de la Force Suprême.

Va-t'en ange déchu ! Tu penses avoir atteint ton but ! Je te le dis une fois et je le proclame haut et fort. Voici, dans une terrible guerre spirituelle qui va t'opposer à l'Etoile du matin, tu vas perdre de ta superbe, et tes larbins et toi tomberons devant lui avec fracas !

Oui, attendons voir la suite des évènements pour savoir qui est le véritable Maître du temps et de l'histoire. Le Vrai Champion.

Tableau VI

Scène I

Int-Décor d'un lieu cultuel sinistre-nuit.

Eclairage sombre. Des êtres vêtus de vêtements noirs avec capuchon font leur apparition sur scène. Les Adoratrices exultent de joie.

La prêtresse :

Emmenez la victime expiatoire ici ! (*La bouche bandée et ligotée tel un animal, Juliette est portée par deux êtres cagoulés).* Doucement ! Ne l'abimez surtout pas ! Elle doit se présenter sous son meilleur jour pour ses noces avec le Seigneur Lucifer !

Pourquoi tous ces liens ? Préparez-là pour les noces !

Deux adorateurs s'exécutent. Elles apportent une robe blanche et quelques produits cosmétiques.

Juliette :

(Toute tremblante et avec colère)

Non ! Non ! Laissez-moi tranquille !

La prêtresse :

Hum, la Précieuse ! Comme je t'envie ! Tu es appelée à régner aux côtés du Maître de l'univers !

Juliette :

Mon Dieu, viens-moi en aide ! Délivre-moi de ces vilaines créatures du diable !

Rires sarcastiques des adorateurs.

La prêtresse :

Tu es née pour ce moment spécial, jeune vierge ! Voici des lunes que nous attendons ce grand moment ! Lorsque votre union sera scellée, rien, ni personne ne pourra empêcher le début de la fin… (*Rires sarcastiques)* …donnez-lui ce breuvage !

Des êtres cagoulés forcent Juliette à avaler le breuvage. Après quelques poussières de secondes, cette dernière tombe dans les pommes.

La prêtresse :

Portez la victime expiatoire jusqu'à l'autel ! *(S'adressant à l'assistance d'une voix solennelle et ferme).* Voici venu l'heure de l'accomplissement du plus grand événement de tous les temps ! Les forces ennemies doivent êtres à l'œuvre pour faire échec à notre grande entreprise. Invoquons celui qui vit et règne pour les siècles des siècles !

Sur fond d'un air classique incantatoire, les adoratrices se prosternent et plantent un décor cultuel.

Adoratrice une :

Terre ! Air ! Eau ! Feu !

Adoratrice deux :

Air ! Terre ! Eau ! Feu !

Adoratrice trois :

Eau ! Terre ! Air ! Feu !

Adoratrice quatre :

Feu ! Terre ! Air ! Eau !

La prêtresse :

Oh Maître des quatre éléments, toi qui vit et règne éternellement, nous t'invoquons !

Adoratrice une :

Par Belphégor : nous t'invoquons Prince de ce monde !

La prêtresse :

Ange plein de bonté, nous t'invoquons parmi nous !

Adoratrice deux :

Par Azaël : puissance de l'air, nous t'invoquons Seigneur des causes perdues!

La prêtresse :

Chérubin aux ailes déployées, nous t'invoquons parmi nous !

Adoratrice trois :

Par Ngôn : puissance de l'eau, nous t'invoquons, nous t'invoquons Serpent ancien !

La prêtresse :

Oui Dieu et Seigneur du monde souterrain, nous t'invoquons parmi nous !

Adoratrice quatre :

Par Attlee : puissance du feu, nous t'invoquons parmi nous !

La prêtresse :

Oui grand commandant des légions des ténèbres, nous t'invoquons parmi nous !

Les adoratrices :

O Terre, laisse-toi fouler par la présence du Maître ! O Air, laisse-nous humer l'odeur odoriférante de la douce présence du Maître ! O Eau, laisse la présence du Maître couler en ce lieu ! O Feu, laisse-nous sentir la chaleur de la présence du Maître !

La prêtresse :

Ô Maître des quatre éléments, manifeste ta présence ! Tes servantes t'exaltent ô toi qui vit et règne pour les siècles des siècles !

Bruits stridents des éclairs et du tonnerre.

Fondu enchaîné

Tableau VI

Scène II

Int-Salon appartement Charles-nuit.

Eclairage sombre. Air sinistre en fond sonore. Les objets ne cessent de voler...Charles se traîne à même le sol...on toque à la porte...il soulève péniblement la tête et murmure quelques paroles...c'est encore Christian...il présente la tête...

Christian :

Elle n'est pas fermée la porte ?!... monsieur, c'est encore moi ! Je vois que je tombe encore à un mauvais moment... je vais repasser une autre fois...

Charles pousse des gémissements...les manifestations étranges s'arrêtent.

Charles :

(L'air sonné)

Non...non...non...restez ! Dès que vous êtes entré...ça s'est arrêté !

Christian :

(D'un air innocent et jetant des regards furtifs)

Qu'est-ce qui s'est arrêté, Monsieur ? De quoi est-ce que vous parlez ?

Charles :

La manifestation du...du... les objets volaient partout... vous êtes vraiment un envoyé de...

Christian :

Mais, c'est quoi cette histoire d'objets qui s'envolent ? *(Sursautant)* J'ai la chair de poule ! Que se passe-t-il dans cette maison ?

Charles :

Cette maison est hantée...Juliette...Juliette...si vous êtes réellement ce que vous prétendez être...venez en aide à ma fiancée !...s'il vous plaît !... des êtres maléfiques en ont après elles... je...je...je sais où elle se trouve...

Christian :

Quoi ?! Dans ce cas il n'y a pas une seule seconde à perdre... *(Il fait des cents pas et pousse des réflexions).* Ok, voilà ce qu'on va faire...car je sens qu'une terrible guerre spirituelle se profile à l'horizon. (*Bruits des éclairs et du tonnerre en fond sonore).* Allons s'y !

Alors qu'ils quittent la scène, les bruits des éclairs et du tonnerre montent crescendo.

Fondu au noir

Tableau VI

Scène IV

Int-Décor d'un lieu cultuel sinistre-nuit.

L'éclairage s'assombrit davantage. Couchée sur l'autel, et dans un état léthargique, Juliette retrouve ses sens.

La prêtresse :

(Air triomphal et rires sarcastiques)

Ô Maitre, la victime expiatoire est prête pour le grand sacrifice !

On entend les fx d'une ambiance sinistre. Juliette pousse des cris d'effroi.

Les Adorateurs :

Gloire à notre dieu !! Gloire à celui qui vit et règne pour les siècles des siècles !!

La prêtresse :

Maintenant que la toute puissance du Maître se manifeste en ces lieux !!

Sur fond des bruits stridents des éclairs et du tonnerre la forme et les ombres font leur apparition. Alors qu'ils s'avancent vers l'autel avec un air jubilatoire... contre toute attente, l'Ange de guerre fait aussi son apparition...

La forme :

Qu...Quoi ?

L'Ange de guerre :

Je m'oppose à toi ! Et je te réprime, Astre brillant !

Le Chef des ombres

(Tremblant de terreur)

Oh, non pas lui. Décidément, on n'aura jamais la paix ! C'est pour nous perdre qu'il est là !

La forme:

Non...cela ne se passera pas comme la dernière fois...nul ne peut empêcher ce qui va arriver... je vais te détruire !

L'Ange de guerre :

Fais silence ! Tu mordras la poussière une fois de plus!

La forme :

Non...ça ne sera pas comme au commencement de toutes choses!

L'Ange de guerre :

Voici venu ta chute, Dragon ancien !

La forme :

(Piquant une colère aigue)

Sois maudit !

Le sol tremble. L'assistance est dans la panique !

L'Ange de guerre :

Je te réprime ! Tu ne seras plus !

Les adorateurs élèvent la voix pour donner du courage à leur Maître...

La prêtresse :

À nous la victoire !

L'Ange de guerre :

Que tu crois !?

L'Ange de guerre tend les mains vers ciel, et le décor change de visage.

Fondu au blanc

Tableau VI

Scène V

Ext-Décor illustre d'un amphi théâtre cosmique-jour

Bruits des éclairs et du tonnerre. Des myriades d'anges et d'ombres font leur apparition. Ils constituent le public. Ils forment deux camps opposés qui s'invectivent. Juliette, qui reprend ses esprits, découvre un monde inimaginable avec des êtres gigantesques comme un building. Paniquée, cette dernière pousse des cris d'effroi et court dans tous les sens... elle trébuche dans sa couse folle...

L'Ange de guerre :

(S'adressant à Juliette d'une voix rassurante)

Juliette ! Juliette !

Juliette :

(Perdant ses moyens)

Où...où...où suis-je ? Aidez-moi...s'il...vous... plaît !...je... ne...veux...pas mourir...je...

L'Ange de guerre :

(S'avançant et relevant Juliette)

N'aie pas peur! Restaure ton calme ! Depuis le commencement, j'ai toujours été là pour toi. Ici, tu es sous ma protection ! Tu as été ravie dans cet endroit peu commun où aucun humain ne peut y accéder. Allez !...viens t'abriter sous mes ailes ! Tu vas être le témoin de la plus grande bataille de tous les temps!

Il s'écoule quelques minutes. Sous texte...Eclairage rouge vif. Bruits stridents et récurrent des éclairs et du tonnerre. Air de suspens en fond sonore. Un être à l'apparence extraordinaire fait son apparition sur scène. C'est le présentateur du combat à venir. Juliette n'en croit pas ses yeux devant tout ce spectacle incroyable et insolite.

Fondu enchaîné

Le Présentateur :

(S'avançant avec son micro. D'une voix claire et unie)

Dans l'étendue infinie d'un lieu sans frontière...où le silence domine l'espace...s'élève bien haut le symbole sinistre de la plus grande guerre de tous les temps...la fin du combat aura lieu dans un amphi théâtre cosmique...ici, sera choisi pour toujours le Champion ! Celui-là qui sera le Maître du Cosmos et de tous les autres Mondes !

Chant de bataille.

Hum...l'audience pour le combat des siècles est déjà sa place. Entourés d'un triangle de planètes blanc tel l'éclair et fort tel la pierre, les deux protagonistes font leur apparition. *(Musique d'ambiance).* Vêtu avec éclat et fanfaronnant les mains bien hautes...le premier protagoniste s'avance, escorté, La forme ou l'Astre brillant...montant des Enfers. Et enfin honorable public...vêtu de gloire, l'Etoile du matin...le deuxième protagoniste fait son entrée triomphale.

Cris confus des spectateurs. Musique d'ambiance.

La cloche, la foule, et c'est parti ! L'Astre brillant bondit de rage...mais ses mauvais tours n'ont aucun effet...il lance ses poignards de haine, d'orgueil et d'envie...mais les mains pures de l'Etoile du matin les arrêtent tous...ce combat dure depuis un bon moment...et l'Astre brillant montre déjà des signes de fatigue...alors que l'Etoile du matin est d'une assurance incroyable...ça se voit qu'il a le dessus sur son adversaire... mais attention, l'Etoile du matin baisse volontairement la garde. Il demande à l'Astre brillant de frapper...quelle étrange attitude !...et voilà l'Astre brillant qui frappe très fort...le coup mortel renverse l'Etoile du matin ! *(Les ombres rugissent de joie et les anges sont muets et tristes).* Et là...on attend le compte à rebours. Les dix coups marqueront la fin du match.

L'Astre brillant fanfaronne et commence à célébrer sa victoire.

Le Présentateur :

10, 9, 8, 7,6, 5, 4...

Soudain...

La forme :

(Stupéfait et effrayé) :

Hé...une minute...arrêtez de compter...ses yeux bougent...ses doigts se convulsent...d'où vient cette lumière ? Non, il vit, oh non !

Contre toute attente, l'Etoile du matin, d'un geste acrobatique, se relève et porte un coup fatal à son adversaire. Silence total. Les anges exultent de joie. Une lumière aveuglante se dégage de l'Etoile du matin qui s'élève tout doucement dans les airs. Les anges se prosternent devant lui avec respect. Terrifiés et aveuglés, l'Astre brillant et les ombres se prosternent en hurlant de douleurs.

L'Etoile du matin :

(S'adressant depuis les airs à l'Astre brillant avec dédain)

C'est ici que prend fin ta grande entreprise de destruction ! Désormais, je tiens les Mondes entre mes mains ! Tu es vaincu à jamais! La nudité, la défaite et la honte seront ta portion pour les siècles des siècles !

Le Présentateur :

C'est la fin de ce combat des siècles ! Aujourd'hui, nous avons pour toujours et à jamais le seul vrai Champion ! Alors, que tous les êtres et les Mondes poussent des cris de joies et de triomphes pour l'Etoile du matin !!

L'Ange de guerre :

(S'adressant à Juliette d'une voix rassurante)

C'est fait ! Tu n'as plus rien à craindre maintenant ! Tes proches sont à ta recherche. Va les rejoindre ! N'oublie pas...je serai toujours là pour veiller sur toi !

Sur fond d'un air d'allégresse doux et harmonieux de l'Horloge Prophétique, l'Ange de guerre étend sa main et fait disparaître Juliette dans une poussière de nuage dorée.

Fondu enchaîné

Tableau VII

Scène I

Int-Club de soutien psychologique-nuit.

Eclairage normal. Fin de la projection sur l'écran géant. Murmures dans l'assistance. Les patients discutent vivement entre eux. Certains dévisagent Juliette...pendant que d'autres l'admire...

Juliette :

...et à la fin de cette bataille mythique, Charles, ses parents et Christian m'ont retrouvée presque inconsciente dans les décombres de cette basilique....la suite vous pouvez l'imaginez ! Voilà...le film de mon histoire !

Hermine :

C'est...c'est de la fabulation, tout ça !

Paul :

Je trouve que cette histoire est vraiment extraordinaire !

Merlin :

Extraordinaire dis-tu ? Tout ça n'est qu'un tissu de mensonges !

Carole :

Vous avez inventé cette histoire, n'est-ce pas Madame ?

Pierre :

Pourquoi croyez-vous que son histoire n'est que pure invention ?

Hermine :

Et d'après votre histoire, vous étiez le centre d'intérêt de la bataille que se livrait ces mondes. Comme si vous étiez une sorte de pierre précieuse. Un joyau, je veux dire.

Carole :

Géniale ! On devrait intituler cette histoire : « Le Joyau de la Guerre des Mondes » !

Merlin :

(S'adressant à la psychologue)

Je sais que vous voulez nous aider en nous faisant écouter les expériences des autres. Mais pourquoi nous avoir amené cette mythomane ?

Charles :

Hé, minute, là ! Vous osez traiter mon épouse de mythomane ? Présentez immédiatement vos excuses !

Juliette :

Ça va aller chéri, je m'attendais à cette réaction !

Charles :

(Pointant la psychologue)

Oui mais, c'est cette dame qui a insisté pour que tu prennes la parole ! Et en retour comment te remercie-t-on ?

Juliette :

Ça va aller, t'inquiète ! C'est normal. Te rappelles-tu que toi-même au début tu ne croyais pas à ces choses ?

Charles :

Oui mais tout est clair, les preuves sont là. Moi aussi au début, j'étais très sceptique ! Mais après avoir été le témoin oculaire de quelque manifestations paranormales, j'ai tôt fait de changer d'avis sur la question de l'existence des autres êtres.

Juliette :

Ecoutez, je sais que mon histoire relève du registre de l'incroyable !

Merlin :

Et surtout du merveilleux, vous voulez dire, madame ! Or, nous savons tous bien que

Dieu…le diable…les anges…bref…rien de tout ça n'existe, n'est-ce pas !

Juliette :

Écoutez…je ne suis pas ici pour vous prouver l'existence de qui que ce soit… encore moins faire du prosélytisme.

Gênée et confuse, la Psychologue intervient.

La Psychologue :

(Troublée)

Heu…bien…heu *(s'adressant à Juliette)*…Je voudrais qu'on ait une petite discussion en aparté.

Charles :

Quelque chose qui ne va pas ?

La Psychologue :

Tout va bien ! C'est juste une mise au point à faire avant la phase d'échange avec les patients. Je voudrais juste recadrer certaines choses, c'est tout !

Juliette :

Est-ce vraiment nécessaire?

La Psychologue :

C'est juste pour deux minutes !

Juliette et la psychologue s'éloignent des autres pour un aparté….pendant ce temps la division de l'auditoire est de plus en plus manifeste…

La Psychologue :

Regardez l'effet que votre histoire produit chez ces personnes fragiles…ils sont encore plus déstabilisés qu'avant…

Juliette :

C'est bien vous qui m'avez invité à partager mon expérience.

La psychologue :

Bien sûr ! Mais il ne s'agissait pas de leur raconter ce genre d'histoire....maintenant ils sont entrain de s'invectiver... je vais être très direct avec vous ! Cette histoire est très forte pour ces esprits fragiles....l'atmosphère est très tendue...il va falloir qu'on trouve quelques formules d'atténuations pour mieux faire passer la pilule...

Juliette :

Je sais ce que j'ai vécu. Je n'ajouterai ni ne retrancherai rien à mon histoire !

La Psychologue :

Je comprends, mais il se peut aussi que certaines parties de cette histoire soient...

Juliette :

Je vous demande pardon ?

La psychologue :

Je veux dire que les gens...enfin ces êtres fantastiques que vous avez cru voir sont certainement...le fruit de votre imagination. Parfois on a des hallucinations à la suite de la prise de certaines drogues et autres stupéfiants. Tous ces êtres...enfin...ces esprits...je ne sais même pas comment les nommé...ils n'existent pas !

Juliette :

Je ne suis pas ici pour prouver l'existence de qui que ce soit...

La Psychologue :

(Regardant ses patients)

Lorsque le cousin de votre mari m'a parlé de vous et de votre histoire extraordinaire, je ne pensais pas qu'il s'agissait de...bref... Vous ne pouvez pas prouvez que ces êtres existent...

Juliette :

Pourquoi faites-vous une fixation sur des êtres qui, d'après vous, n'existent même pas ?!

La Psychologue :

(Plastronnant)

Ecoutez, je suis une cartésienne. Je travaille sur la base des faits réels. Et non sur des fables. Depuis toujours je n'ai qu'un principe : je ne crois qu'en ce que je vois et qu'en ce que je touche. Mais là nous parlons des choses qu'on ne peut ni voir ni toucher...nous rentrons dans le domaine de l'abstrait ! Considérons les faits !

Juliette :

Très bien...mais vous savez quoi ?!

La Psychologue :

Heu...non, Madame !

Juliette :

Il y'a un fait que vous avez oublié.

La Psychologue :

Ah bon ?! Lequel ?

Juliette :

Votre principe philosophique que vous avez brillamment énoncé n'est pas complet ! Il lui manque une troisième raison ! Et elle est même peut-être la plus importante...

La Psychologue :

(Souriant et se moquant de Juliette)

Ah bon ! Vous m'en direz tant ! Je peux savoir laquelle ?

Juliette :

En plus de vos deux raisons, j'ajouterai que je ne crois également qu'en tout ce qui s'incorpore à ma propre substance !

La Psychologue :

Qu...quoi ?...je vous demande pardon ?!

Juliette :

Méditez-là-dessus! Bien le bonsoir !

Alors que Juliette et Charles quittent la scène sur un air jubilatoire...l'atmosphère est de plus en plus électrique...certains patients s'empoignent...la psychologue perd le contrôle...le théâtre se transforme en une scène de bagarre...l'auteur du spectacle refait son apparition sur fond d'une scène d'hystérie générale...

L'auteur du spectacle :

Ah honorable public...quelle histoire !...comment allons-nous la conclure ?!...où se situe la frontière entre la réalité et la fiction ?! Qui, comment et que faut-il croire d'après cette déclaration philosophique : je ne crois qu'en ce que je vois, qu'en ce que je touche, et qu'en ce qui s'incorpore à ma propre substance? Le débat est ouvert...

FIN

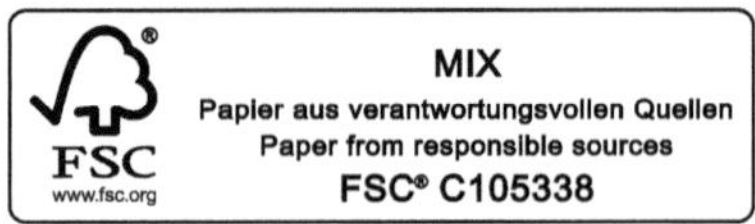

Printed by Books on Demand GmbH, Norderstedt / Germany